JN333651

HSU

AN OVERVIEW OF HAPPINESS THEORY

幸福学概論

大川隆法
Ryuho Okawa

まえがき

幸福の科学において私が説いてきた二千数百本の説法、及び、国内外（教団内外）で発刊された累計千六百冊以上の書物は、ほぼ全て、「幸福学」、及び「幸福論」に関わるものである。

これだけの文献（二十七言語、約二億冊以上発行）を研究できる宗教学者は、日本にも諸外国にもいないため、今般、幸福の科学大学を創立し、世界的にもニーズのある『幸福学』を実学化し、より知識ベースで理解できるものとして長期的に研究できる体制をつくろうと試みた。

ただ旧態然とした大学づくりに没頭して、国際競争力を落としている大学設置関係人らが、膨大な文献を読み込んでいないことが、審査意見からも簡単に察視されるため、初歩の一般人を想定して、外国の大学での幸福学、宗教としての幸福学、哲学としての幸福学、その他の学問へと波及した幸福学について簡略に述べた。本書の登場人物や書籍は、大学での研究の手がかりについての概要と考えられたい。

二〇一四年　八月十日

幸福の科学グループ創始者兼総裁

幸福の科学大学創立者　大川隆法

幸福学概論　目次

幸福学概論

二〇一四年八月十日　説法
幸福の科学「奥の院精舎」にて

幸福学概論（がいろん）

二〇一四年八月十日　説法（せっぽう）

幸福の科学「奥の院精舎（おくのいんしょうじゃ）」にて

1　学問的試みとしてのハーバードの「幸福学」

「幸福学概論」と題し、全国の一般的な大学生が受験勉強を終えて、かすかに社会常識を手にしているレベルで理解できる範囲の幸福学について、何らかのまとめをしてみたいと考えています。

ただ、「幸福学」というと、かなり幅が広くなります。

最近の例で言えば、NHKの番組でアメリカの白熱教室を紹介していますけれども（NHK「白熱教室」）、そのなかの一つに「幸福学」という講義がありました。非常に人気があって学生が集まっているというようなことを紹介していたのです。

その概要を見たところ、結論から申し上げると、「もしかしたら、私の本の英訳から抜き出して話しているのではないか」と思うほど似ていました。まるで、私の語っている幸福論のなかから、「信仰」や「霊的世界」、「神」、「悪魔」など、こうした宗教的なるものを取り除き、再構成して、幸福学を成り立たせているかのように感じられたのです。

もちろん、これは私の見方ですので、向こうは向こうなりに、独自の勉強をして、幸福学を組み立てられているのだとは思います。

ただ、ほぼ似たような領域を探究している者からの感想としては、ハーバードなどで教えられている「幸福学」も、レベル的には、通俗哲学のレベルにとどまっていると言ってよいのではないでしょうか。

それは、いわゆる大学の哲学科で教える高度な純粋哲学的内容のものではなく、「この世の仕事において、あるいは、人間生活において役に立つレベルでの幸福への道を体系的に整理したものである」というように感じられました。

言い換えれば、幸福学といっても、基本的に「幸せの心理学」的なものでありますし、その内容は、アメリカ的といえばアメリカ的ではあります。

要するに、「お金は人生を幸福にするかどうか」とか、「仕事での成功と幸福とはどういう関係にあるか」とか、「異性との恋愛に成功することが幸福であるのかどうか」とか、あるいは、「家庭生活での葛藤をどのように解決していったら幸福になるのか」というようなものでしょう。

こうした、日常生活において誰もがぶつかる問題について、卑近な例を挙げながら、「幸せの心理学的な方向で、解決のための何らかの指針が出せないか」ということを焦点として目指しているのだと思われます。

ただ、ハーバードでのこういう学問的試みは、〝幸福学の総本山〟とでもいうべき宗教から見れば、非常に底の浅いものです。あくまでも、「学問を学び始めたばかりの学生にも分かる、ガイダンスレベルでの幸福論である」と言わざるをえないという感触を持っています。

2　宗教は基本的に「幸福論」を説いている

「貧・病・争」の解決が宗教の課題

　宗教についても、一般的に幸福論の概論を述べるのは、そう簡単なことではありませんが、宗教学者等の総合的な意見としては、「宗教とは基本的に、貧・病・争を解決するものだ」と言われています。

　どの宗教も、いろいろ独自の教義を編んだり、独自の行動論、活動論を持ってはおりますが、要約すれば、「宗教というものは、貧・病・

争の解決が基本的な課題である」ということです。

世界中で見受けられる「貧」の苦しみ

では、「貧・病・争」とは、どういうことでしょうか。

「貧」とは、貧しさ、povertyです。貧しさによる悩みや苦しみ、不安、不幸感覚というものは、世界中に見受けられるものでしょう。

日本においては、戦前にもありましたが、第二次大戦後の荒廃のなかでの貧しさは数多くありました。そうした貧しさを克服するための方法として、数多くの宗教が、「貧の解決」についての考え方を述べていたと思われます。

なお、このなかには、心理学でいう「モチベーション理論（動機づけ理論）」が比較的多いのではないかと思います。それは、人生に積極的な動機づけをすることによって、明るく振る舞い、また仕事上も積極的な活動展開をして成功していくといったスタイルのものです。

宗教の発生に伴う「病気治し」

「病」については、文字どおり、「病」ということですが、「病の解決」は、古典的なものから見ても、あらゆる宗教の発生に伴うものでしょう。つまり、「病気治し」ですが、キリスト教でもイエスが言葉一つで病気を治したり、按手といって、相手の頭に手を置くことによって病気を治したりすることが、『新約聖書』のなかで語られています。

残念なことに、現代ではそうしたことを起こせる人があまりいないために、「歴史的な事実として信じるかどうか」というレベルにとどまっているということでしょう。

しかし、現代でも、世界各地のさまざまな新宗教において病気治しは活発に行われているわけです。つまり、世界レベルになってはいない新宗教においても、病気治しが行われて宗教が成り立ってきているところを見れば、二千年前のイエス・キリストに病気治しができなかったと考えるのは早計でしょう。その程度のことをしなければ、キリスト教が世界宗教にまで成長することはなかったであろうと思われます。

また、病を治すということは、日本固有の宗教にもかなりあります。近代の黒住教や天理教、大本教、その他の神道系の教派神道にも、病を治すという現象はありますし、キリスト教系の新宗教にも、そうしたことはありました。

それ以外の霊能系の新宗教でも、病を治すということは数多くあり、それが一定数、法則的に起きるようであれば、教祖と教団が成り立っていくというかたちがたくさん見られます。そういうことが、統計的には比較的多いのではないかと思います。

「ルルドの奇跡（きせき）」を目撃（もくげき）し、報告したカレル博士

また、現代において、バチカン・ローマカトリックなどは、奇跡（きせき）に関して、非常に厳格に認定する傾向（けいこう）があります。

例えば、有名な南フランスのルルドの泉については、「聖母マリアが現れ、その幻影（げんえい）を見た」という子供たちの証言があり、そこから泉が湧（わ）いて、その泉に浸（つ）かった人の病気が治るということがありました。

そのため、毎年のように数百万人の人が訪問していると言われています。ただ、その「ルルドの奇跡」であっても、認定することには非常

に慎重であって、医学的にいろいろと研究しても、なかなか完全な奇跡とは認めず、認められたものは百例もないように聞いています。

しかし、一定の率で起きるらしいということは言えるでしょう。

これに関しては、ノーベル生理学・医学賞を取ったアレクシス・カレル博士が、「目の前で目撃した」という話を、『ルルドへの旅』等の本に書いています。

彼は、筋萎縮症のような病気に罹って車いすから立ち上がれないでいる人が、ルルドの泉に浸けられたら、車いすの要らない状態になって、スタスタと歩くところを目撃したというのです。

そうしたことが本に書かれたことにより、世界的に評判にもなっていますし、宗教の奇跡を否定する側の現代的な理系の科学者に対しても、「ノーベル賞を取ったカレル博士が、その目で見て確認している。病気が治る前の容態を医者としてきちんと調べた上で、『病気が治った』という奇跡を報告しているのだ」ということで、これを非常に有力な証拠として挙げている人もいます。渡部昇一・上智大学名誉教授なども、そういうことについて触れていると思います。

各宗教が持つ「争いごと」の解決の方法

「貧・病・争」の最後の「争」ですが、これは文字どおり、「争いごと」ということです。

やはり、共同生活をする習性を持っている人間としては、争いごとがいろいろなところで起きます。家庭のなかで、兄弟間や親子間、夫婦間でも起きます。あるいは、友人との間、職場の同僚との間、上司と部下との間でも起きます。さらには、「組織対組織」「会社対会社」の争いもありますし、「民族対民族」というような争いもあります。また、大きな問題と言えますが、「宗教対宗教」という争いもあるわけです。

こうしたことをすべて包含できている宗教があるかどうかは別としても、「人間を不幸にしている原因の一つとして争いがある」ということは、一般的に認められていることではあるでしょう。

そのため、「争いごとから、どのように調和を導き出すか」ということについては、いろいろな宗教において、さまざまな手法が説かれています。

例えば、天理教のように、すべてを「陽気ぐらし」風に捉えていくような考え方もあれば、生長の家のように、争いごと自体を、「悪い事象が崩壊していく、あるいは、そうした運命のカルマが崩壊していくケミカライゼーション（自壊作用）なのだ」というように捉える考え方もあります。

また、仏教的には、八正道でいう正見・正思・正語といった「正しさ」という観点から、「思いや言葉を正すことによって、言葉から起きる争いごとを慎もう」とする考え方もあるでしょう。

さらに、現代のキリスト教徒が、それを信じ、実行しているかどうかは別として、キリスト教でも、『新約聖書』のなかにおいてイエス・キリストは、和解の方法についていろいろと述べているはずです。

これは、愛の原理と一体化して説かれているものではありますが、「右の頰を打たれたら、左の頰も差し出せ」「一里、一緒についてこいと言われたら、二里ついていけ」「下着を取ろうとする者には、上着をも与えよ」など、一般的な法律概念や道徳律からすれば、やや常識的な限度を超えていると思うところまで述べています。

ただ、「争いの原理」として、「なぜ人は争うのか」ということを考えると、基本的には、欲望や嫉妬に基づく争いがあるでしょう。例えば、人間関係の格差の発生から、いろいろな欲望が募って人を攻撃したくなったり、人の財物を奪いたくなったりする人間も出てくるわけです。

そのため、そうした争いを解決する方法の一つとして、イエスは「一般的な合理性を超えた自己犠牲的な行為によって争いを克服する」という手段を提示したのであろうと思われます。

また、こうした考え方の延長にあるものが、イエスの十字架の話になっているのでしょう。

本来、人類を救うための救い主として来た者であれば、それは善なる行為であって、褒め称えられるべきことではあるのだけれども、その救い主として来た者を、ユダヤ人たちは、強盗殺人犯などと並べて十字架に架け、死刑にしてしまいました。

ところが、「その十字架は、そうしたユダヤ人たちをも含め、人類の原罪を許す贖罪の行為として、すなわち、自己犠牲の行為としてイエスがなしたのだ。イエスの救世主的、キリスト的行為によって、人類の罪が許されたのだ」というパウロ的な伝道の原理によって、この矛盾の部分が克服されている面もあるわけです。

マクロレベルの争いごとを克服することも、宗教の義務

結局、争いは、「戦争と平和」まで行き着くことでもあります。

その意味で、争いの解決に関しては、いわゆる「戦争論」や「外交論」も関係してくることがありますし、「戦争論」が出てくる以上、「平和論」も出てくるわけです。そのため、世界のいろいろな宗教において、平和を訴求する動きが多いのでしょうし、また、それを看板に掲げている宗教が多いということも否めないと思います。

これが、実態としての「国際関係論」や「政治学」、あるいは「紛

争の科学」「競争の科学」等と、どれほどの整合性を持つかは別としても、個々人の争いについては、心理学的、あるいは宗教的なアプローチにて解決できるものも多いでしょう。

また、マクロレベルの「国家間、民族間、宗教間の対立をどのように克服するか」ということも、現代的な宗教として比較的大きな力を与えられたる者に課せられた義務の一つであると思います。

宗教の活動自体が「実践的幸福論」となっている

「貧・病・争」の解決は、言葉を換えると、「どうすれば不幸な状態から幸福になれるか」ということでしょうから、「貧・病・争」の解決が、宗教の基本的な原理であるならば、「宗教は基本的に幸福論を説いている」と考えてよいと思います。

つまり、教祖の個性や経験を反映した上で独自の教義を編み、活動原理と組織原理を持って、その幸福論を展開していこうとしているのが宗教であって、ある意味で、宗教の活動自体は、「実践幸福論」ともいうべきものであると思います。

これは、前述したアメリカの有名大学で教えている幸福学とは、若干違うものがあります。いわゆるレクチャー型で、学問や知識としてのみ教える幸福学とは違い、実践学を含んでいる点において、一層のシビアさを伴っているということが言えるでしょう。

すなわち、「貧・病・争」を中心とする不幸の解決に成功しなかった場合、教勢が伸びることはありません。衰えていったり、消滅していったりすることは数多く見られますので、その厳しさは、「実践論の厳しさ」そのものであると考えています。

同じく前述の、「幸せの心理学」的な幸福学、学問としての幸福学も、どちらかといえば、アンケート的な統計学的処理で、「幸福感をどのように感じるか」というデータを取って確認したり、あるいは、仕事の成功学への助走としての動機づけレベルでとどまっていたりしています。やはり、心理学の一部の領域でとどまっている部分が多いと言えるでしょう。

宗教であっても、例えば、貧の解決の部分について、「貧しい者が豊かになっていくにはどうするか」というモチベーションのレベル、動機のレベルだけで説いた場合、確かに心理学的なアプローチによる幸福論と似た面はあるとは思います。

しかし、いわゆる「仕事論」や「事業の成功論」のところまで成長していくとなれば、「経営学」や、あるいは、「国家における財政論」、「国家経営論」にまで成長していく余地を持っているものです。

また、それはそれぞれの宗教の持っている知的基盤と力量、および視野の問題があるのではないかと思います。

3　哲学も、そもそも「幸福学」だった

ギリシャ哲学に見る幸福論

「幸福」ということについて、あらためて学問的に点検してみると、学問的文献として、はっきり遺っているもののなかで幸福を正面から捉えたのは、ギリシャの哲学者のアリストテレスでしょう。

ソクラテス、プラトン、アリストテレスという、三人の天才哲学者がギリシャに現れ、特にプラトンとアリストテレスは、自分の学問を

●アリストテレス（前384～前322）古代ギリシャの哲学者。プラトンの弟子。師のイデア論を批判し、経験的事象を元に演繹的に真実を導き出す分析論を重視。多岐にわたる自然研究の業績から「万学の祖」とも呼ばれる。アレクサンダー大王の家庭教師でもある。主著『形而上学』『ニコマコス倫理学』等。

数多くの書物に、体系的に著しました。

ただ、体系性という意味においては、アリストテレスのほうが、プラトンよりも一層体系的であると言えます。そういう意味では、現代の学問の流れの源流になっているということが言えるのではないでしょうか。

そのアリストテレス自身が、哲学の目的について、「哲学というのは幸福の探究なのだ。どうすれば人間が幸福になるかを探究する学問が哲学なのだ」ということを述べています。

つまり、哲学は、そもそも「幸福学」であったわけです。

また、ソクラテスより四十歳も年下であったプラトンが、ソクラテ

●ソクラテス（前469〜前399）古代ギリシャの哲学者。デルフォイの神託を受け、ソフィストと対話し、次々と論破した。

●プラトン（前427〜前347）ソクラテスの弟子にしてアリストテレスの師。転生輪廻する不滅の霊魂を重視し、理想国家論、哲人王による支配の要諦などを説いた。

スの教えを受けて、後の世に体系化した著書が、すべてソクラテスの言説と同じかどうかは分かりません。ソクラテスが七十歳前後で亡くなるときに、プラトンはまだ二十八歳前後だったと言われているので、二十代ぐらいで聞いたソクラテスの議論が、ソクラテスが生涯説いた教えを、どこまで反映しているかは学問的に確定できないものでしょう。ソクラテスを主人公として書かれている数多くの「対話篇」は、かなりの部分に弟子であるプラトン自身の創作も入っているのではないかと疑われている面もあるのです。

ただ、プラトン自身は、どちらかといえば、幸福論をズバリ追究しているわけではないと思います。ソクラテスは教えとして、基本的に、

「愛知者（あいちしゃ）」「知を愛することの大切さ」を説いていたので、プラトンは、「本当の知者とはどういうものか」ということについて、一生の探究課題としていたと思われます。

ただ、彼らは明確に説いてはいないけれども、要するに、「知を愛する」ということが、「人間として幸福になる」ということだろうし、彼らの言葉によれば、それは「アレテー（aretē）」、すなわち「徳」にもなることであろうと思います。そうした「学徳」に近いものが、知的な人間にとっての幸福論につながると考えていたのでしょう。

アリストテレス哲学の出発点にある「人間の定義」

なお、ソクラテスやプラトンは、両者とも現代でいえば霊能者といえるような、宗教家になってもおかしくはない稟質、つまり生まれつきの気質を持っていた者たちです。その宗教になってもおかしくないものが、知的な言葉によって語られて文献になっているために、「哲学」として独立したと考えてもよいかと思います。

また、それを受けて、ソクラテス存命中には、まだ生まれていなかったアリストテレスが、プラトンのアカデメイアで学んだあと、アリストテレス独自の哲学体系をつくっていきました。自然科学をも含めたさまざまな学問領域についての、総合的な学問の端緒となるべきものをつくったと言えるわけです。

したがって、幸福の科学における幸福論を、「幸福学」として学問的に捉え直すとするならば、ある意味で、「アリストテレスに、宗教としての幸福の科学を語らしめる」というようなかたちになるのではないかと思います。

ちなみに、アリストテレスの有名な『形而上学』という哲学書の冒頭には、「人間は、生まれつき知を欲する生き物である」ということが書いてあります。人は生まれつきの本能として、「知りたい」という衝動を持っているものだということから始めているのです。

これについては、何らの根拠も傍証も引用もありません。ただ、アリストテレスの哲学の出発点がここにあるわけです。もちろん、これはソクラテス、プラトンの伝統を受けてのものであり、「愛知者」が哲学のもとではあって、哲学を認める以上、あるいは受け入れる以上、「知識を求め、知を求めるという本能を持っている」と人間を規定したところから、アリストテレスの哲学は始まっています。

「人間は生まれつき、本能的に知識を求める」ということについて、彼は反論に対する言葉を用意していません。当然のことだと思っているわけです。

そのように「知識を求める」という本性(ほんしょう)を持っているものが人間であり、結局、その過程で幸福を目的として求めるようになるのだということでしょう。そして、幸福を求めるための知識が体系化され、さまざまに発展していって諸学問になるわけです。

4 「経営学」を一種の「幸福学」として捉(とら)える

人間が幸福になるために積み重ねられてきた「学問」

現代にあるさまざまな学問自体は、言い換(か)えれば、人間が幸福になるための手段として、それぞれの専門領域における学問的な積み重ねをしたものであるのです。

例えば、「馬に乗るよりも早く目的地に着きたい。時間を短縮して有効に生きたい。あるいは、仕事をしたい」という人の願いを叶(かな)えることは、その人にとっての幸福を意味します。しかし、そのためには、電車の発明があったり、船の発明があったり、飛行機の発明があったりするわけです。そのように、工学部的なものであっても、知識を絡めての「幸福論の具体化」と考えることができるでしょう。

また、かつては霊能者的な宗教家が、それぞれの人の人生の悩みについて個別に解決していたものを、心理学という学問を発明し、いろいろなケースを研究することで、「さまざまな症例に対する見解を統一して学問として学び、処方箋を出して解決する」というような方法を編み出したところもあると思います。

そういう意味で、宗教学の〝親戚〟に心理学というようなものもあるのかもしれません。

「成功の思想」を体系化したナポレオン・ヒル

一方では、貧の解決として、「どうしたらお金持ちになれるか」という研究がいろいろな角度からなされています。個人的な体験論から、それを書く者もあれば、実業家として大成した方の伝記などを通してそれを伝える者もあります。

あるいは、鉄鋼王のアンドリュー・カーネギーに頼まれ、何十年もかけて五百人もの成功者の研究を重ねた結果、それを「成功の思想」

として体系化したナポレオン・ヒル博士のような例もあります。

つまり、「『事業に成功した人には共通する何かがあったのではないか』ということについて、それを体系的に著したものを学べば、誰もが幸福になれる、あるいは、事業において成功し、巨富を築くことができる」ということを提案したのです。

また、それに学んで起業し、事業家として成功した人は、この百年余りのなかに数多く出てきていることは確かですし、日本でもそういうことが報告されています。

ただ、アンドリュー・カーネギーの依頼によって成功学を体系化したナポレオン・ヒルであっても、モチベーション理論のなかに、まだ半分ぐらいは宗教的なものがありました。

ドラッカー等の経営学を通じて「貧」を解決する

そういうものを、もう一段薄めたかたちでの事業成功を求めたらどうなるでしょうか。

一つには、ピーター・ドラッカーの「経営学」というようなものもありえると思います。

戦後、日本にピーター・ドラッカーの経営学が翻訳して紹介されることで、数多くの大企業が生まれてきたことは事実でしょう。

もちろん、その前にも経営学の走りとしては、テイラーの分業システムなどがありました。あるいは、「人間は働く者であるか、働くのが嫌な者であるか」という観点から、「X理論、Y理論」というものを出して動機づけをしたり、性善説、性悪説にも似た考え方に基づく人間の管理学から、経営管理を考えたりするような人もいたとは思います。

ただ、ドラッカーは、ジャーナリスティックなアプローチによって巨大企業の成功の原理を分析し、「そのかたちをある程度まねることによって、他のものであっても大きな会社をつくっていき、事業的に成功できる」という方法論を、三十数冊の著書のなかで書き著したと

●フレデリック・W・テイラー（1856～1915）アメリカの技術者で、経営学者。分業の原理に基づく課業管理などを行う科学的管理法（テイラー・システム）の発案者であり、現代においては「科学的管理法の父」と称される。

言えるのではないでしょうか。

日本では、戦前、松下幸之助氏が松下電器をつくるに当たって、独自に「分業制」というものを発明しました。これは一種の分社制です。いろいろな事業部をつくり、事業部ごとに別会社のような扱いをしながら運営することによって、トップリーダーの能力の限界を限界とせずに会社を大きくしたわけです。松下幸之助氏は、戦前に、ドラッカー理論を学ばずして、日本的経営のなかで、そうした方法を発見しました。

なお、ドラッカー博士は、資本主義の原理を体現し、顕現化した存在として、意外にも日本人の渋沢栄一を挙げています。渋沢栄一は、

● **X理論、Y理論**　ダグラス・マグレガーによって提唱された、組織管理における人間観の理論。X理論では、仕事嫌いな人間には、強制・命令・処罰が必要であると、性悪説的にとらえる。Y理論では、人間は本来、仕事好きで、目標達成のために進んで働くと、性善説的にとらえる。

明治の時代に、一人で五百以上の企業を立ち上げた人ですので、ドラッカーはまさしく資本主義の権化のように捉えて、自分の尊敬する人として挙げているのです。

その意味では、「経営学的な手法によって事業成功の軌道に乗せ、数多くの雇用を生み、事業規模を大きくして人々の生活を豊かにしていく」という方法もあります。

一般に、宗教では経営学に手を伸ばすところまではいかないことが多いわけですが、私はこの点に着目をしており、「経営者を目指している人たちに、経営学的手法をある程度分かりやすい言葉で伝えることによって、貧の解決にはなるのではないか」という考えを持っているのです。

すべての人を平等に豊かにしていくことはなかなか大変なことではありますけれども、事業家的な才能や手腕を持った人に一定の知識を与えることによって、その事業を確実ならしめ、安定軌道に乗せることができます。それがまた多くの人々の賃金の上昇や、地位の向上をもたらすかたちになり、家庭での「幸福感の増大」になることもありえるわけです。そのようなことを考えています。

「幸福」と「成功」は必ずしもイコールのものではない

もちろん、「幸福」と「成功」が必ずしもイコールのものではないことは、宗教的にもそのとおりです。

また、「成功はある意味での結果論であるが、幸福はどちらかといえば、成功に至るまでの過程のなかで味わえるものだ」という考え方を持つ者も数多くいます。

戦前、農学博士として活躍し、財政学者としても活躍し、個人として蓄財にも成功した、東大教授の本多静六博士が、数多くの本のなかで書いたことでもありますが、やはり、「目的としての成功だけではなく、そこに至るまでの努力する過程において幸福が得られるのだ」という考え方もあります。この考え方は、宗教的にも非常に受け入れやすいものではあるでしょう。

宗教的理念を経営に取り入れて成功した事例は数多くある

また、「事業的な成功と宗教的成功を同一に論じることは、異端(いたん)的すぎる」と考える向きもあるでしょう。

しかし、先ほどの松下幸之助(まつしたこうのすけ)氏の例を引きますと、一九二九年、二ユーヨークから起きた世界大恐慌の煽りを受け、日本でも大卒者さえ就職できないような「昭和不況」（昭和五年）が起きたころ、松下氏はある人に誘われて、奈良県天理市にある天理教の本部を視察に行ったことがありました。

天理教の本部では法被を着た人たちが勢いよく働いており、そこには製材所まであって、自ら製材まで行いながら、現代の支部精舎や布教所に当たるようなものをいろいろとつくっていました。

その賑わいを見た松下氏は、「経営理念に宗教的真理を取り入れることによって、事業的にも成功するのではないか」と悟り、「天命を知った」ということで、会社を発展させるための経営理念を打ち立て、それに基づいて宗教的なエートスを経営のエートスに持ち込み、パナソニックの前身である松下電器を数十万人の社員を擁するまでに巨大化させていったのです。

もちろんその間、戦争をはさんでの紆余曲折、浮沈変転はありましたが、そのようなことも言われています。

自動車等の製造販売を行う本田技研工業をつくった本田宗一郎氏には宗教的な面があまり見られず、自由奔放な経営をしていますが、こちらはメカニクスのほうを中心にした考えであるため、あるいは思想的なものがさほど入る余地がなかったのかもしれません。

また、戦後の経営者としては、松下幸之助氏に続いて「経営の神様」的な扱いをされ始めている稲盛和夫氏がいますが、京セラを立ち上げ、第二電電を立ち上げ、ＪＡＬの再建にも成功して、中国でももてはやされている状況です。

この人も、松下幸之助氏の経営理論に影響を受け、また、生長の家という宗教の『生命の実相』に書かれた光明思想に惹かれ、宗教的理念を経営理念として昇華させることで社員をまとめ、動機づけし、発展の原理へと導いていったものでしょう。

そういう意味では、経営学において成功理論を研究していくときに、宗教的精神を十分に研究したことで成功に結びつけていった事例が数多くあるわけですので、「宗教」と「事業経営的な成功」との相性が悪いとは、必ずしも言えないものがあります。

5　キリスト教と仏教における「富」の考え方

原始キリスト教や仏教が「清貧の思想」を説いた時代背景

原始キリスト教の思想をそのまま受け継いで、それをキリスト教だと考えている聖職者や学者のなかには、「お金に対して〝信仰〟を持つようなことは悪魔のほうに仕えることであって、神に仕えることとは別だ。『二人の主人』に仕えることはできない」と考え、『新約聖書』のなかの一部に説かれているような、キリストの「清貧の思想」

に当たる部分、すなわち、「貧しき者こそ神に愛されている」というように説かれている部分を、そのまま受け入れている者もいます。

ただ、これを歴史的に判定するならば、キリスト教会が資金集めのために、富裕階層や篤志家たちが寄付・喜捨をしやすいように推し進めた面もあるので、こうした論点を見逃し、純粋に思想的にだけ捉えるのでは十分とは言えない面もあるかと思います。

同じようなことは、仏教にも言えるでしょう。

原始仏教においては、釈迦の思想のなかにも金銭を厭う考え方はあります。この世的な富貴、金銭から遠ざかり、「三衣一鉢」、要するに、「三枚の衣とお鉢一つあれば生きていける」という考え方もあります。

すなわち、いわゆる仏教の原型の姿として、現代でいえば「四国八十八箇所」をお遍路さんが托鉢しながら歩く巡礼行のようなものなど、人からの布施に頼って自らは経済活動をしないで生きていくようなものです。

これは、当時のインドの伝統的な自由修行者のスタイルそのものでもあり、彼らは何らかの生産的な経済活動をせずに修行していたのですが、そうした宗教文化が何千年も続いていた土地での流れに則った行動だったわけです。

しかし、そうしたお布施の文化のない国においては、宗教修行者が生産活動を行わず、収入を伴うような事業活動に一切かかわらずに、この世で生活をし、教団施設を持ったり教義を広めていくことは、かなりの困難を伴うことも事実です。

したがって、それは、「民衆レベルあるいは国家レベルで、宗教に対する一定の尊敬の念がある」ということが前提にあり、「宗教が経済活動にかかわらなくとも精神的な活動に専念できる」という、恵まれた環境があればこそ成り立つ思想でしょう。

仏教の形態も世の流れに沿ってイノベーションしている

その仏教においても、大乗仏教の時代に入ると、ナーランダ学院などのように一万人もの出家僧侶を養うようになると、やはり、篤志家からいろいろと寄付を募り、さらには、一定の種籾をプール（備蓄）して農家に貸し付けたりするようになりました。

一粒の種籾から二、三百粒の米が穫れるので、その種籾から増えた部分の一部を教団に寄付してもらうかたちをとって、不労所得にて一万人もの僧侶が生活できるようなシステムをつくることで、後代の弟子はそうした問題を解決しています。

原始仏典のなかには、仏陀自身の言葉として、「山道を歩いていて、そこに金貨が落ちていても、ここに毒蛇がいるから触らないように避け、またいで通れ」というようなことを勧めた言葉も遺っています。

　しかし、この世的なものは、人間の生活形態や修行形態、あるいは集団の組織運営形態に合わせて、いろいろと変転していくものもあろうし、仏教の中心的な考え方である「諸行無常（しょぎょうむじょう）」についても、「必ずしも、単に『滅（ほろ）びていくのみの諸行無常』ではありえないのではないか。世の流れの変化に沿った宗教の形態もありうるのではないか」と思うのです。

　これを現代的に応用するならば、ある意味での「イノベーションの原理」としての「諸行無常」ということもありうるのではないかと、私は考えています。

　もちろん、仏教系の聖職者や学者からは、「仏教であれば、金銭なり事業成功的な目的を持っていることはおかしい」という批判も出やすいでしょうが、必ずしもそれは当たっていないと思いますし、仏陀在世中においても、精舎を寄進するようなことは非常に立派な行為として称賛されており、「大黒天」と呼ばれて、菩薩に匹敵するような尊敬を集めていたことは事実です。

そういうことを運営のレベルで見極めないと、物事の本質が見失われることもあるのではないかと考えています。

6　近代哲学が遺した「負の遺産」

膨大な幸福の科学教義から「幸福学」を抽出する

以上、現在、哲学や心理学の仲間として説かれている「幸福学」という学問があることを紹介し、さらに、宗教そのものについても「貧・病・争という三つの不幸と戦い、幸福に転じる」ということから、まとめていける考え方が多いことも述べました。また、それを敷衍して、「哲学の原点」や、いろいろな「世界的宗教の原点」の部分についても述べてきました。

このへんの宗教的な考え方については、さまざまな偏見や先入観が多いので、理解が難しいものはあるかと思います。こうしたことを理解するには幅広い教養と専門知識が必要となるため、その意味では、幸福の科学が述べているところの「幸福学」というものを学問として確立するのは、知的探究としては極めて厳しく難しいものがあるでしょう。

したがって、いろいろな宗教の分析をしている新宗教学者も、小さな新宗教の教団については分析することが可能なのですが、大きな宗教になってくると、その活動領域が非常に広く、教えの領域も広いために、宗教学をもってしては分析できないでいるのではないかと思います。

例えば、幸福の科学をとっても、私が刊行した書籍は、一般的な書店で売っているものや、外部には出さずに教団内部でしか頒布されていない書籍、および海外で出している外国語翻訳等の書籍を合わせると、現時点で千六百冊を超えているとカウントされていますが、これを「学問的蓄積が十分でない」という考えは、はっきり言って間違いです。

むしろ、「学問的蓄積が多すぎて、これを学問化するのに非常に困難な状況にある」と言うべきであって、「今、幸福の科学における

『幸福学』を学問として抽出し、固める作業をしなければ、今後、それをすることのできる人が誰もいなくなる可能性は極めて高い」と言わざるをえません。

あらゆる学問はアリストテレス的な哲学から出ているかもしれませんが、そのアリストテレス的な哲学をも含んだ宗教学です。

霊的なものに対するアリストテレスとデカルトの態度

アリストテレスはソクラテスやプラトンのような霊能者ではなかったと推定されますが、いちおう、彼の学問体系のなかには「霊魂論」

というものはっきりと入っていますので、思想としては「霊魂」や「あの世」の存在を明確に認めています。

しかし、後世の哲学史のなかでは、それを実体験できない人があまりにも多かったために、学問の対象としては外していったのではないかと思われます。

特に、デカルトが「霊肉二元論」、すなわち、「精神」と「肉体」（物質）とを二分して分ける考えを提示したのをよいことに、「物質のほうだけを探究することが科学であり学問である」というような考え方がけっこう蔓延（まんえん）してきています。

その一方で、彼が信仰心（しんこうしん）を持ち、霊的体験を重ねていたことについては無視する傾向が極めて強く、はたして、デカルトの『方法序説』を現代の哲学者がきちんと読んでいるのかどうか、はなはだ疑問を感じる次第です。

学問の対象から霊的・神秘的なるものを外したカント哲学

また、デカルト同様、「近代の学問の啓蒙化に成功した」といわれるカントであっても、決して、カント自身が宗教的なものを否定していたわけではありません。

ただ、古代の宗教的な教えが一般民衆に対して説かれた教えであるために、人間の学問が昇華していき、観念論的に高まっていくと、「それよりは自分のほうが、もう一段高度な知的作業をしている」と感じたのでしょう。ここもまた、学問の対象として選べるものと選べないものを分け、「哲学は学問の対象になるものを中心にする」ということになっています。

例えば、カントと同時代、スウェーデンのスウェーデンボルグ（スウェーデンボリ）といわれる霊能者が、「遠くで起こった火事を遠隔透視した」とか、「体から魂が抜け、天界や地獄界を見てきた」という体外離脱に関する膨大な報告書、報告文献を書いており、カントもそういうものに接していたと思われます。しかし、学者として、学問としては研究できないため、それについては、ある意味での断念をし、自分ができる範囲の部分を探究しようとしたのが、カントの哲学でありましょう。

その意味において、カントの哲学においては、「人間の精神活動の最高レベルにあるものは理性である」ということになっています。

しかし、宗教的にいえば、やはり、最高的な精神活動は「悟性」であるべきであり、その悟りの性質というか、神あるいは仏を理解するための精神活動こそ、人間の持つべき最高度の精神機能であるべきです。

そうした霊的なるものや神秘的なるものを学問の対象から外したた

めに、カントにおいては、「感性・知性・理性というように精神の次元が上がっていく」という考えになっています。

カントの「理性至上主義」が呼んだフランス王室粛清

その結果、そうした啓蒙思想が早くも一人歩きをし始め、カント哲学が出てからほどない一七八九年には、フランス革命が起きています。

もちろん、フランス革命には善悪の両面が揃っており、「自由・平等・博愛」のなかには現代の民主主義につながるよきものも存在すると同時に、その「自由・平等・博愛」を唱えたフランス革命における凄惨な虐殺、特に王侯貴族に対してギロチンを伴う大量粛清が行われたことは、人類史の暗い一面を表していると考えます。

その結果として来たものは何かといえば、「ナポレオンの登場」でした。君主、国王を廃止したところ、軍事的に天下統一をしたナポレオンが皇帝として君臨し、帝政が開かれたわけです。

しかし、帝政も属人的な性質をそうとう持っているため、「その人が成功するか失敗するか次第」ということもありますし、また、「他国との戦争に敗れればそれまで」という面もあって、長く続くことはありませんでした。

その後、フランスでは反革命が起きて君主制が戻ってきたり、最後には共和制が成立したりといった、試行錯誤を繰り返しています。

　これもすべて、カントの哲学において「理性が最高だ」と考えたがゆえに、神の領域が一切〝カット〟された面はあると考えます。

　国王あるいは君主のような者の血統が連綿としてつながってきていた王制の時代は、ある意味での「王権神授説」的なものがあったわけです。「人間があの世からこの世に生まれてくるに当たり、どのような家に、どのような立場・役割で生まれてくるかは、生まれてくる前の世界において神によって定められている」というような考え方から、「王様の立場は神より与えられているのだ」という王権神授説の考え方が出ており、そこから血脈によってつながっていったものがあると思います。

世界最長寿の王朝である日本の皇室も「王権神授説」の一種

実は、日本の天皇制も「王権神授説」の一種であると考えてよいのではないでしょうか。天皇家に生まれ、男子に生まれ、できれば嫡男の長子として生まれるのが望ましく、そうならない場合には、歴史上、いろいろと工夫をしてはいますけれども、これも同じような考え方だと思うのです。

日本の場合、天上界というところに高級な霊魂がおられ、中心的な神はいるものの、神々が評定する高天原において選ばれし魂が天皇家に降下し、魂が宿って、生まれによって天皇になるということが、二千六百年以上続いたのではないかと言われています。

今、これだけの長い歴史を誇っているところは極めて少なく、タイの王室よりも長く続いていたアフリカのエチオピアの王室がクーデターで滅びたあたりからは、「日本の皇室は、現存する世界最長寿の王朝」というようになっていると思います。

〝神の領域〟をめぐって近代政治が得たものと失ったもの

そのような意味において、政治と宗教も非常に関係のある部分があり、政治の原理についても、〝神の領域〟を認めるか認めないかによって、近代から激しい〝バトル〟が起きているわけです。

すなわち、近代政治の原理は、ロックやモンテスキューその他による「三権分立」「投票制度による議会制民主主義」の発明等が数多くの人々にチャンスを開き、生まれつき身分の低い人たちの身分を解放して、平均的知識階級まで引き上げるチャンスを与えたという意味において、大いなる善を施(ほどこ)したといえます。

しかし、その代償(だいしょう)として払(はら)ったものには、神秘的な世界や神々の世界を、古代の神話や伝承といった〝昔話〟として片付けてしまったために、「人類の遺産」の大事な部分を捨て去ったという面があるでしょう。

「幸福学」は長期にわたる研究の積み重ねが必要な学問

同じ町から一生出ることもなく独身で過ごしたカントがつくった哲学や、女中に五人の子供を次々と産ませ、財産があったにもかかわらず孤児院に預けたルソーが教育論の元祖のようになったりしていることに、近代の教育学のなかにおける何らかの間違いが入っているのではないかとも感じます。

やはり、宗教の「幸福論」は、家庭教育から学校教育の領野まで、その視野を広げていくことになるとも考えています。

したがって、そのような学問的視野において出てきたさまざまな考え方について、幸福論的観点から「幸福学」として研究し、取りまとめていく作業は、極めてアカデミックな作業にもなりうるものであって、大学において長期にわたって研究を積み重ねていかなければ、そうした人類史上の裏付けを取り付けることはできないのではないかと、私は危惧（きぐ）しているのです。

7 「グローバリズム」を超えた宗教的な智慧

「神の啓示」を科学的実験で再検証することはできない

現代日本では、憲法において「信教の自由」が認められ、宗教法人法においても、国家権力が税制等を通じて宗教を弾圧しては相成らないことが明確に説かれていますが、これは「宗教に公益性がある」ということが前提になっています。

では、「宗教に公益性がある」とはどういうことでしょうか。

特に理科系の科学者たちが陥りやすい罠として、「目に見えないもの、実験によって再度検証可能でないものは、学問的ではない」と言って捨象する傾向が出ていますけれども、宗教においては、「神の啓示」なるものは二度と降りてこないことも数多くあります。

例えば、メッカ郊外にあるヒラーの洞窟のなかで、ムハンマドがガブリエルを通してアッラーの啓示を受けたことを、再現することはできません。誰がやっても同じになるかといえば、そんなことは絶対にないのです。

「ヒラーの洞窟のなかに四十日間こもっていれば、誰であってもアッラーの啓示が受けられる」というのであれば、それは現代にいう科学実験とまったく同じでしょう。さまざまな人が次々と入っていったとしても、同じアッラーの言葉が聞こえてきたり、コーランとまったく同じ思想が降りてきたりするならば、科学的な実験に堪える内容になりますが、そういうことは起きていませんし、ほかの宗教であってもそういうことはありえません。

宗教が違えば神様の名前も違い、教えも微妙に違っています。共通するものもありますが、その時代と、その教えを受けている教祖の個性や知力・感性に合わせた説かれ方がなされています。

そういうことで、「繰り返しの検証に堪えるから学問性が高い」というのは一種のドグマ（教条）であると言わざるをえません。

宗教のように一定の歴史の間、そうした思想内容を伝え、多くの者が学び、集団を形成し、また、歴史や文化に多くの影響を与えてきたものに関しては、もちろん、「学問的研究の対象になる」といってよいものでしょう。

文献の渉猟もせず「幸福学」成立の適否を論じるのは不遜

そういう意味において、幸福の科学はその名前のとおり、「幸福を科学する」ということを中心に据えているわけであり、幸福の科学が出している本はすべて、実際には「幸福学」そのものであるわけです。

幸福学をいろいろなかたちで、いろいろなジャンルで、いろいろなアプローチの仕方で追究・探究した書籍が千六百冊以上も出ているわけです。

したがって、「『幸福学的な学問的資料の蓄積が足りない』という考え方は、文献を渉猟しない、極めて非学問的態度である」と断言せざるをえません。

特に、今回、幸福の科学大学を申請するに当たり、「文部科学省の大学設置を担当する官僚等に、当会の基本的な書籍等を献本しようとしたにもかかわらず、受け取ろうとしない」ということが繰り返し起きました。

これはおそらく、「大学というものを法律的に認めることが、何らかの『権益の分与』に値する権益を与えることになる」と考え、「何らかの対価性のある財物を受け取ったら賄賂になるのではないか」ということを恐れたのだと思います。

その結果、パソコンで打った活字を載せたペーパーのコピーしか渡すことができませんでした。

「この程度の資料点検や資料の渉猟、あるいは学問的に不確実な検証によって、幸福の科学における『幸福学』の成立の適否を判断するということは、はなはだ不遜な行為である」と言わざるをえません。

惑星科学の権威でもあった故カール・セーガン博士なども、「人類の九十五パーセント以上は、何らかの神あるいは宗教を信じている」といったことを述べています。

「無神論的な傾向を持った方でも、そういうことを述べている」という見地、すなわち、「世界の九十五パーセントぐらいの人は、何らかの宗教、ないし神あるいは仏といった恒久的・神秘的な神霊の存在や、教えの影響を受けている」という観点から見ると、宗教的なるものに偏見を持ち、それを「学問性がない」と考えるような、現代日本における現在ただいまの教育そのものに、戦後七十年間の塵や垢が積もっているのではないでしょうか。こういうものを払拭する必要があると、強く考えるものであります。

数千年以上流れている「歴史的遺産」としての宗教的智慧(ちえ)

宗教のなかには、それを取り出して多くの人が学べるようなかたちにすれば、学問性が出てくるものも数多くありますし、「古い宗教であれば学問としての研究の対象になる」というのは本末転倒(ほんまつてんとう)であろうと思います。

では、「学問はすべて過去のものばかりを研究するものなのか」といえば、そんな「考古学的な学問」だけが学問ではありません。

理科系統であれば、学問として新しければ新しいほど、むしろ重要性を増してきますし、文科系の学問であれば、例えば法律であっても毎年毎年進化しているのは事実です。社会情勢の変転に合わせて「善か悪か」を議論し、民主主義的な議論の発展のなかで新しい法則を確立しています。

例えば、現在、アメリカ五十州のなかの二十州ではマリファナを肯定するようなことが起きていますが、アメリカ全土においてマリファナが合法化されるかどうかは、善悪をめぐっての非常に大きな戦いでしょう。

あるいは、「同性婚」の問題は善なのか悪なのか。それを人間的な多数決で決めることはできたとしても、世界共通にはどうしてもならないと思います。それは、それぞれの国における宗教や文化の背景が違うからです。そういう意味での「グローバリズム」は、そう簡単には起きるものではありません。

グローバリズムを超えた「神の教え」や「仏の教え」といった普遍的な宗教の教えは、歴史的には数千年以上流れているものであり、たかだか、ここ数十年で始まった、グローバリズム的なアメリカ的文化様式ともいうべきものが、すべてのものを統一するとは言えないでしょう。

アメリカは、「世界的な最強国であり豊かな国である」ということは当然のことであって、それを見習うべきところが多いのも当然のことではあるけれども、「アメリカ的な価値観がすべてを包含(ほうがん)する」とまでは言えません。

グローバリズムの上にあるものは、やはり、「歴史的遺産としての宗教的智慧(ちえ)」だと考えています。

8　宗教系の大学に対する「魔女狩り」

求められる「日本の戦後の歴史」の再清算

今、私は、「日本の戦後の歴史についても再清算していかなければならない」と考えています。

戦後の知識人たちは、「戦前の日本の体制は、天皇を中心とする国家神道が軍部と結託して暴走した結果、アジア地域に対して侵略行為を行って悲惨な歴史を招いた。そのため、〝正義の使者〟であるアメリカから原爆を二発落とされ、東京を焼夷弾で丸焼きされるようなことになってもしかたがないほど、性悪説が適用されるような日本人であった」という説を受け入れました。

そして、日本国憲法は、ほぼ素人と思われる占領軍の人が二週間もたたない期間で一方的につくった憲法であり、フィリピン憲法によく似た内容を英文翻訳して押しつけられたものを、戦後七十年近く維持し守ることこそ〝学問的態度〟であり、〝憲法学的態度〟であり、〝教育的態度〟であり、〝学校で教えるべき態度〟だったのです。

日米の公教育で大きな差がある「宗教」に対する態度

アメリカでは、公立学校であっても「宗教の時間」があり、キリスト教が中心ではあるけれども、少数の宗教にも配慮し、中心的なプロテスタント以外のカトリックや、他の宗教についても、ニーズがあれば個別に指導しています。しかし、日本の国公立の学校においては、戦前からの反動で、宗教に関しては極めて否定的で悲観的な態度がなされています。

例えば、私の長男は国立の中学に入りましたが、合格発表を受けて入学するまでの間、「教祖の息子が国立大附属中学に入ってくることを認めてよいのかどうか」というようなことが、ＰＴＡ父兄の間で議論されていたように聞いていますし、中学に入ってからは、教師からも厳しいかたちであら探しをされ、追い回されるようなことがありました。

そのようなことを経験した長男は早稲田大学高等学院のほうに進みましたが、ここでも宗教性は十分ではなかったため、キリスト教精神を宿した青山学院の高等部に再入学をしたのです。

その環境においては、学校教育のなかで宗教に肯定的な価値観が浸透していたために、キリスト教信者が半分ほどしかいなくても、宗教に対して否定的な人は非常に少なかったので、長男はいじめられるようなこともなく、友達もたくさんでき、そのまま大学まで上がっていきました。

「世界三千五百カ所」で衛星中継（ちゅうけい）される大川隆法の説法（せっぽう）

今、幸福の科学のような新しい宗教が説かれ、日本全国で多くの人々に本として読まれています。また、例えば、今年の夏、私の生誕を祝う御生誕祭（ごせいたんさい）では、さいたまスーパーアリーナで三十分ほど説いた講演が全世界三千五百カ所に衛星中継（ちゅうけい）され、日本の地方テレビ局六局で放映され、それと同じぐらいの数のラジオ局でも放送されています。

それでも日本は非常に少ないほうであり、海外においては、例えば、アフリカのウガンダで私が講演したものはアフリカのほとんどの国において、何度も繰り返してテレビ放映されていますし（推定千万単位の人が視聴）、インドにおいても何度もテレビやラジオ等で放送されています。スリランカでも同様ですし、ハワイ等でも放映されるようなことが起きています。

「知る権利」から見て、世界的に遅れた体制にある日本

海外では、宗教に対して、かなり肯定的な価値観が支配しているために、「日本で今、人気のある宗教、非常に成長している宗教を知る」ということが、アリストテレス的な、「知るということが人間の本能である」ならば、知りたいという気持ちに奉仕することは、当然のことです。

日本国憲法には、「知る権利」というものが明確に書かれているわけではないけれども、「表現の自由、言論の自由、出版の自由等は、

基本的には、国民の知る権利に奉仕するためにある」と言われています。

そうであるならば、「学校教育、あるいは、テレビや新聞等では、原則的に宗教を取り扱わないという態度を取っている」ということは、「世界的に見て極めて遅れた体制にある」と言えるでしょう。

私は、五年余り前に、幸福実現党という政党もつくり上げましたけれども、諸外国では、「宗教的政党が存在する」ということは、おかしいことでも何でもありません。一定の思想信条を持った人たちが、一定の価値観のもとに集まっており、何らかの中心基軸がなければ、人々は集まりません。「その考えを正しいと思う人々が、それについて、どれだけの勢力を集めることができるか」ということも、一種の民主主義的な実験の一つです。ドイツにも、キリスト教民主同盟のようなものもありますし、ほかの国でも、宗教色を帯びたものがあります。

また、幸福の科学の海外の活動家たちで、「自分の国においても、幸福実現党のようなものをつくって、ぜひとも幸福の科学を国教にしたい」と述べている国の人々もいるのです。

そのようななかにおいて、日本の学問体制、教育体制、および、政治体制は、非常に後れを取っていると言わざるをえないと思います。

「大学設置」に関する法令に憲法的な判断を加えるべき

さらに、近時、憲法にあらざる、国会で決めた法律によって、さまざまな憲法外のことを決められることが非常に多く横行(おうこう)していますけれども、基本的には日本国憲法においては、「憲法に反するところの法令や条例、その他、政令等の一部、または、全部は無効である」ということが明らかに説かれているわけです。

そのため、もし、大学設置に関する法令においても、そういう、憲法に違反(いはん)するようなものを独自でつくり、それを運用しているとするならば、「それが、憲法に説かれている学問の自由や信教の自由に抵触しないかどうか」について、当然、憲法的な判断が加えられるべきであると考えますし、法律や通達レベルのもので、憲法で定められた「人間の基本的人権」を侵しては相成らないと考えています。

　幸いにして、私は、東京大学の法学部で、法律学も、政治学も、共に専攻した者であるため、法律学の立場からも、政治学の立場からも、現在の「日本の国体のあり方」「国の政治のあり方」、「教育のあり方」、あるいは、「法律解釈のあり方」等を、全般的に見ることができますし、もう一方では、神仏、高級神霊の立場、宗教的立場からも、「正しさとは何か」ということを検証・検討することができるという、

〝複眼的な眼〟を持っているのです。

そういう意味において、いろいろな要素を絡めて、現在、日本では、オピニオンリーダー的な立場に立ちつつあると考えています。

私が発表した言論に基づいて、さまざまな全国紙や週刊誌、あるいは、言論人たちの書籍に影響が表れており、外国との、さまざまな外交交渉においても、私の述べている言説に基づいて、交渉が進んでいるし、現在の安倍政権においても、「大川隆法の援護射撃的な『戦後の検証』についての思想」が発表されていなければ、これほどまで勇敢に戦うことはできなかったのではないかと思います。

そういう意味では、表現の自由、言論の自由、出版の自由、思想・

信条の自由、良心の自由等を認め、また、学問の自由や信教の自由、それから、「宗教に対して、国家権力は介入しない」ということを、制度的に保障した日本国憲法の精神から見たならば、宗教系の大学の設立は、非常に寛容な態度でもって認められるべきです。

また、それを「チェックする」ということについて、憲法に定められていない審議会などによって、正邪の判定や適否の判定がなされ、公僕であるところの国家官僚が責任を負わず、また、その頂点であるところの所管大臣が、その責任を負わないということであるならば、「完全に民主主義的精神に反し、日本国憲法の精神に反している」と断言せざるをえないと思います。

こうした、憲法によって保証されていない審議会制度による、学問の制約や弾圧、判定については、もう一段、公開の場において、その適否が明らかにされるべきであると考えています。

「それを秘密裡に行って、秘密裡に処理する」というようなことは、「暗黒裁判」そのものであり、現在、中世の宗教における「暗黒裁判」や「魔女狩り」と大して変わらないことを行っているということです。

現在の学問体制や教育体制が正しいと保証するものは何一つなく、それは、時代とともに、繰り返し再検証していかねばならないわけです。

9　日本の「歴史認識」を見直す

戦前の日本の動きは、邪悪な活動であったのか

今、われわれは、政治的な意見として、「先の戦争の戦勝国が立てた戦後体制が正しい」という考え方に対して、もう一度、見直しをかけています。

先の戦争中、丸山眞男という、東大の法学部の政治学の助教授が、「日本の天皇制ファシズムは、ヨーロッパにおけるヒットラーのナチ

ズムやイタリアにおけるムッソリーニのファシズムなどと同じようなものだ」というようなことを書き、その論文が、戦後、一躍認められて時代の寵児となり、約二十年以上、オピニオンリーダー的な存在であって、学問を引っ張ってきました。

また、これは、政治学の見解になったり、教育学のほうにも大きく影響したりしておりますが、日本の歴史は、現行の天皇制だけから見てはいけないのであって、もっと以前の、二千何百年も前から遡って検証されなければいけないわけです。

「天皇制が、アメリカなどという国家がなかった時代に、彼らの歴史の十倍を超える期間、存続していた」ということは、「日本国民の何らかの幸福に寄与してきた」ということを、歴史的に証明しているわけであり、この点について、反証、反論できないということは、国家として極めて情けないことであると考えています。

私は、日本の戦前の国家神道を中心とする動きが、必ずしも、「軍部の暴走と宗教が結びついて起きた邪悪なる活動であって、世界の人々を苦しめた」と考えているわけではありません。

今、中国や韓国等は、日本から侵略を受けたことについて、あの手この手で、いろいろと揺さぶりをかけていますけれども、清国は、一八四〇年から四二年のアヘン戦争で敗れて、ヨーロッパ列強に国を切り取られ、植民地化されてきたことは事実です。日本よりも、はるかに前に、ヨーロッパに植民地にされて、〝切り取られ〟てきたのです。

しかし、ヨーロッパはあまりにも遠く、清国を統治し、いろいろな暴動や反乱を抑えるのに十分な力を持っていないので、十九世紀の最後ごろ、義和団の乱を治めるあたりから、「近代国家であり、民主化して西洋化した日本に見てもらうのがよかろう」という国際的な合意のもとに、日本は、中国や朝鮮半島について、彼らを指導するべき立場に立ちました。

そして、中国が日清戦争に敗れた後、今度は、ロシアと日本が戦ったのです。中国は、日清戦争において、賠償として取られたものを、三国干渉によって取り返したわけですが、ロシアが戦って勝ってくれるものだと思っていたところ、ロシアも日本に敗れました。これによって、欧米列強によるアジア・アフリカ植民地体制の崩壊が始まって、戦後、次々と独立していくきっかけになったのです。

さらに、アメリカとの三年半余りの戦いを通して、尊い犠牲は出しましたけれども、それにも増して、「世界全体で、国丸ごとの植民地というものがなくなっていった」ということは、人類史において、大きな大きな前進であったと、私は思います。

差別をなくすために戦ったリンカン大統領とキング牧師

もし、これが、前進でないと言うならば、アメリカの南北戦争を見てみましょう。

北側の大統領であったリンカンが、南北戦争を行って、六十万人以上のアメリカ市民を犠牲にしながら、南北の分裂を避けて統一し、奴隷州を廃止して、「奴隷解放宣言」を出し、黒人に対して、「人間として平等な扱いへの道」を開きました。

アメリカ建国の際の立憲の趣旨にある、「人間は平等につくられている」とは、「白人の男性は平等につくられている」と書かれているわけであり、女性も入っておらず、もちろん、奴隷として連れてこられた黒人も、人間のなかには入っていないのです。これに対して、リンカンは、「黒人を人間として扱う」という大きな前進を成しました。

しかし、黒人と白人との差別がなくなるまでには、さらに百年の歴史を要しています。

リンカンの時代から百年近くたって、キング・ジュニア牧師（ぼくし）が登場し、暗殺もありましたが、彼の公民権運動が多くの支持を集めることになったのです。

キング牧師の有名な「I Have a Dream」演説は、リンカンの「ゲティスバーグ演説」に続いて、アメリカの有名な演説の一つですけれども、こうした演説の影響も受けています。

「黒人と白人は、同じバスに乗れない。同じ学校に通えない。同じトイレは使えない。黒人には店の商品を売らない。あるいは、食べさせることができない」など、たくさんの差別があったのですが、これは、「オンリー・イエスタデイ（ほんの昨日）」です。彼らから言えば、ほんの数十年前であり、まだ生きている人たちが、みんな知っている事実です。黒人と白人が同じバスに乗ってはいけないし、同じ食堂で食べてもいけないし、同じトイレを使ってはいけませんでした。

それから、戦後であっても、「『黒人選手が、大リーグの一軍で活躍することはあってはならないことだ』ということで、嫌がらせがたくさんあった」ということが、昨年（二〇一三年）に上映された映画（「42～世界を変えた男～」）でも扱われていました。現在、その黒人選手の背番号は、永久欠番になっています。

そういう映画がありましたが、アメリカでも、そのようなことについて、百年以上も戦い、前進してきていますし、黒人大統領が出てくることにも影響があったと思います。

あるいは、「マイケル・ジャクソンのような黒人歌手が、国民的ヒーローになったことによって、オバマ大統領も道が開けた」とも言われています。

アインシュタイン博士が日本を称賛した理由

もし、こうした、公民権運動からの平等化活動の流れが、アメリカ国家において善であるならば、グローバルな意味において、世界各地において、「皮膚の色や民族の違いによって差別され、優越国と劣等国があり、劣等国は、奴隷的に搾取されても文句は言えないのだ」という思想を打ち砕くことを、世界規模で試みた国があったとしたならば、むしろ、その国が世界の誇りであるべきだと、私は思うのです。

私は、「日本の国は、かつてのギリシャやローマに、決して見劣りすることのない、歴史的に素晴らしいものを持った国だ」と思います。

また、日本には、原爆が落とされました。そのもとには、アインシュタイン博士の研究もありましたが、大正時代に、アインシュタインが日本に来たときに、「神が、世界に日本という国を創られたということは、素晴らしいことだ」と認め、称賛していたと思います。そういうことを理解しなければいけないと思うのです。

真実の世界から見る、ユダヤ教・キリスト教・イスラム教

今、イスラエルという国が『旧約聖書』を含む歴史を持っているた

めに、ユダヤ教は認めていないキリスト教国であっても、イスラエルという国に対して、あまりにも〝肩入れ〟しすぎているように、現状は見えますし、イスラム教国にとって非常に不利なことが、欧米によって援助されているように見えます。

イスラエルという、わずか八百万人ぐらいしかいない小国が、核兵器を持っていますし、アメリカが日本にも売ってくれないような最新鋭のジェット戦闘機を持っているので、周りのイスラム教国は、全然、武装では敵わないのです。イスラエルは、「軍事力において、世界第二位かもしれない」とも言われているぐらい、近代的な武装をしています。

そうまでして守ろうとしているものは何であるかということですが、実は、キリスト教徒は、『新約聖書』と一緒に『旧約聖書』も学んでいるため、「イスラエルという国がなくなったら、『旧約聖書』の伝統も滅びるのではないか」ということを恐れているのです。そのため、キリスト教国のなかに、「イスラエルという国を、何とか維持したい」という願いがあるのだと思います。

「宗教的な文化遺産を遺したい」と思うからこそ、そういう不公平な、ダブルスタンダードな基準を使ってでも守っているのでしょう。

しかし、真実の世界から見れば、ユダヤ教に数多くの預言者が出ましたが、イエス・キリストを預言者としては認めても、救世主としては認めなかったユダヤ人たちは、千九百年間、世界を放浪したのです。それには、「カルマの法則」、「原因・結果の法則」があったと思います。要するに、救世主を十字架に架けて、千九百年間、国がなかったのですから、「原因・結果の法則」から見れば、「明らかに間違ったことをした」ということが、この世的にも判断されたということだと思います。

そういう意味で、ユダヤ人を迫害するような物語である、シェークスピアの『ヴェニスの商人』などにも表れていますけれども、中世を通じて、「ユダヤ人は、お金儲けや金銀財宝に執着する卑しい民族である」というように見られていたことは事実です。

　現実は、キリスト教も、神の守護したまう宗教としてできたものであるし、さらには、イスラム教についても、「キリスト教が、三度の大きな十字軍の戦いをとおしても潰せなかった宗教」として遺っているということは、やはり、ここにも一本、神からの大きな支援があったと考えるべきだと、私は思います。

　さまざまな異端的宗教を弾圧し、迫害し、消滅させてきたキリスト教であるにもかかわらず、いまだに、イスラム教国を潰せないでいますし、その人口は増え続けています。そして、今、キリスト教に肉薄しつつあるという現状から見て、やはり、「神の教えも、時代を超えて、ときどき新しくなされ、降りてくる」ということを認めざるをえないと思います。

二千五百年前が「枢軸の時代」と呼ばれる理由

先般、私は、数学者である岡潔博士の対談本を読んでいたのですが、ドイツのヤスパースという哲学者が言った、「枢軸の時代」について書いてありました。

釈迦の時代やソクラテスの時代、あるいは、孔子の時代等は、二千五百年ぐらい前であり、だいたい似たような時期なのです。また、同じころに、ユダヤには、イザヤという預言者も生まれています。

「枢軸の時代」とは、彼らが、だいたい同じような年代であるため、「二千五百年ぐらい前に、神が、世界的に、宗教的な革命を起こそうとしたのではないか」という時代です。

さらに、五百年ぐらいずれますが、イエス・キリストも、二千年ぐらい前に生まれています。このへんまでを含めて、ヤスパースは、「枢軸の時代」と呼んでいました。

「枢軸の時代」においては日本も「枢軸」に含まれるべき

この「枢軸の時代」という言葉の響きが非常によかったので、ヒットラーもそれを使い、ドイツ・イタリア・日本の結合による三国同盟のことを「枢軸国」というような言い方をしたために、今、非常にイメージが落ちてはいますが、岡潔博士は、この「枢軸の時代」について、次のようなことを述べています。

「いや、それには、まだ一つ抜けているものがある。何が抜けているかと言ったら、日本が抜けている。日本は、『枢軸の時代』と言われる二千六百数十年前には、神武天皇が即位し、天皇制というものができている。同じころ、ほかのところに孔子やソクラテスや仏陀を送ったのであれば、神が、日本において天皇制というものをつくり、それを立て、その後、二千六百年も維持したことは、天意の表れだ。枢軸のなかには日本も入っていることを、ヤスパースは見落としている」

こうした考えを読むと、私にも、同じようなことを感じる面が多々あるのです。

10　宗教と資本主義、民主主義の関係

マックス・ウェーバーが見落とした「日本の資本主義」の歴史

以上、述べましたように、幸福の科学の教義としてカバーしている範囲は極めて広く、一宗教学者、あるいは、新宗教学者が解明できるようなレベルのものではありません。

また、学問的蓄積は、そうとうに広いものがあります。

例えば、「資本主義の原理」を探究するにしても、大学の教養学部

あたりでは、たいていの場合、マックス・ウェーバーの『プロテスタンティズムの倫理と資本主義の精神』という書籍から学びます。

そこでは、「なぜ、キリスト教国で資本主義が起きたのか」ということを、マックス・ウェーバーが説いています。

「プロテスタントのなかで資本主義が起きたのは、やはり、『世俗内的禁欲と同時に、蓄財をし、汗を流して働き、そして、神の栄光を地上に現すことこそ、キリスト教徒の使命なのだ』ということをプロテスタントが考えるようになったからだ。それによって、この世的な発展・繁栄が許されることになり、原始キリスト教の束縛である、『清貧でなければ神の側近くには行けない』というような考え方、呪縛からも離れて、産業革命も起き、近代的な富の蓄積、巨大資本の成立があったのだ。そういう意味では、それは、キリスト教国にのみ起き、今では、資本主義として、ほかのところに移っているのだ」というようなことを書いているわけです。

しかし、日本人の目から見たら、それが十分ではないことは、すぐに分かります。日本にも、ちゃんと、二宮尊徳のような、資本主義の精神そのもののような人がいるのです。マックス・ウェーバーは、これを明らかに見落としています。

さらには、渋沢栄一のような方だっているわけです。この方は、〝資本主義の権化〟のような方ですが、『論語と算盤』という本を書いています。これは、明治時代において、非常にベストセラーになった本です。「資本主義」とはまったく関係なく、論語の精神を生かして経営しようとしたわけです。

また、このもとは、江戸時代まで遡り、町人から学者となった石田梅岩が起こした、「石門心学」にあります。ですから、「農民や町民や一般の人でも、学問をやることによって、事業繁栄や商売繁盛、あるいは、道徳的な人間をつくることができる」というような哲学も、日本では生まれているわけです。マックス・ウェーバーは、このこともカバーしていません。

マックス・ウェーバーの理論も素晴らしいのですが、このあたりの

「日本の資本主義の発達史」だって、十分に検討に値するのです。

二宮尊徳の精神から「経済と宗教の共通項」が見いだせる

二宮尊徳の精神は、金儲けだけを教えているわけではなく、勤勉貯蓄、そして、節倹しながら藩の財政を立て直したり、あるいは事業を成功させたりしていくことの大切さを説いています。

こうしたことなどは、現代の日本の国家財政にだって、精神的に当てはまることは十分にあるはずです。

二宮尊徳以外にも、例えば、山田方谷というような天才も、やはり、藩の財政を立て直す方策を立てています。ほかにも、有名な方々は何人かいるはずです。

こういうことも研究すれば、やはり、「経済と宗教の共通項」というものも見いだしていくことができるはずなのです。

ですから、今、二宮尊徳的な人がいたとしたら、日本の国家財政だって立て直すことは可能なはずですし、さらなる繁栄へもっていくこともできるはずで、「宗教的精神と資本主義の精神は両立しうる」ということも、今まで述べたことを研究していけば、学問的研究として証明することができると思います。

「民主主義と宗教の両立」を確信させたウェーバーの思想

ただ、マックス・ウェーバーについては、否定的なことだけを言っているわけではありません。

私も、東京大学に入学した一年生のときに、諸学のもとを探(さぐ)っていく際、「マックス・ウェーバーの社会学を勉強することから諸学問の研究が進んでいく」ということを発見しました。

彼は、宗教社会学から音楽社会学、その他の社会学など、いろいろなことを書いています。社会学全般から政治や法律、あるいは、歴史にまで、その筆は伸びていますので、こうしたマックス・ウェーバーの研究は、私もしたのです。

したがって、マックス・ウェーバーの研究などをした上で、今の私の宗教も成り立っています。やはり、その点も述べておかなければならないでしょう。

マックス・ウェーバーの思想のなかで、印象に残り、私も繰り返し述べていることは、彼の『古代ユダヤ教』という分厚い本のなかに書かれている言葉です。

そこでは、「一般的には、一神教の影響が非常に強く、一神教的なものが流行ると、民主主義的なものが否定されるように考えがちであるが、実は、民主主義の時代には、宗教は繁栄している」ということを、彼は明確に述べています。

　これは、ギリシャやユダヤでもそうであったわけですが、民主主義的な精神が生きているときには、農民や一般市民から出てくる預言者までいて、神の声を聞ける人は、祭司階級からのみ出てくるのではなく、いろいろな階級を超えて出てきます。それを、人々が認めて受け入れて、それに基づいて政治もなされ、国の判断もなされ、その国民の運命も委ねられるようなことは、何度も起きているのです。

　ですから、民主主義的な価値観のなかでこそ、宗教も、また繁栄するわけで、「両立する」ということです。そういうことを、彼は言っています。

これは、私にとっては、非常に「救いの一転語」にもなった言葉であり、そのときに、「ああ、民主主義と宗教は両立するんだ！」ということを、深く確信するに至ったわけです。

現代宗教を見る世間の目は冷たく、「宗教と民主主義は一致しないだろう。宗教は独裁者的カリスマが勝手なことを言って、みんなを洗脳し、それを信じさせるだけだろう」というように思っているのでしょうが、これに対しては、「まだ学問的探究が不十分である」と言わざるをえないと思います。

「宗教的多元性」と「民主主義の原理」は繁栄を呼ぶ

もう一つ、印象に残っているのは、松下幸之助（まつしたこうのすけ）氏が、初めてアメリカに渡（わた）って視察して帰ってきた際に、「民主主義の本質」について述べているものです。彼は、小学校を中退し、学問的なバックボーンがない方ではありますが、アメリカの繁栄を見てきて、「民主主義というのは、要するに繁栄主義のことなのだ」ということを自分の著書のなかで述べています。

こういうことを言った人は、学者では一人もいません。

「民主主義とはいったい何だ」ということを、みなが分からなかったところを、「民主主義というのは、基本的には繁栄主義なのだ」と気づいたのです。

なぜ繁栄するかというと、万人の持っている才能を生かし切ることができるからです。生まれによらず、あるいは学歴によらず、職種によらず、どんなところからでも、努力と才能を生かして人材は出てきます。ですから、農民の子が医者になっても構わないし、農民の子が大実業家になっても構わない。一代でなっても構わないし、政治家になっても大統領になっても構わない。これがアメリカの強さなのだということを、松下幸之助氏は述べているわけです。

これは同時に、今の流れから言えば、やはり、「宗教的多元性も認めなければならない」ということだと思います。

アメリカでも、「信教の自由」は認めています。国教としては、プロテスタントが、それに当たるものなのでしょうが、ほかの宗教もたくさん入っていますし、イスラム教徒だって、日本よりもアメリカのほうに大勢入っています。

今、タクシーの運転手にもイスラム教徒は非常に多くいて、一日に何回もメッカに向かって礼拝しますので、パーキング場で、布を敷いて五体投地しているような運転手もいます。非常にアメリカ的な異様な風景ではありますが、そういうものも、いちおう受け入れてはいるのです。

したがって、「宗教的多元性」と「民主主義の原理」は非常に相性がよく、かつ、国民を活性化し、才能ある人を発掘するのに極めて有利な制度であり、そういう人が次々と出てくる制度であるわけです。

11 「徳の存在」としての天皇制と、他の宗教との共存

天皇は「徳」において国を治めてきた

また日本の天皇制においても、天皇が、才能においてではなく、「徳」において人々を治めていたために、才能のある人が次々と出てきては、将軍が実力者となって、長らく統治してきた歴史があります。

「幕府を開き、最高権力者、要するに、この世において能力の高い人が国を治める」ということを行ってきていて、それが堕落し、腐敗

してきたときには倒されています。革命ではないかもしれませんが、戦争などもあって倒されては、新しい幕府が立ってくることで、幕府の栄枯盛衰が起きてきたなかでも、天皇家は安泰でした。

それは、徳の世界において、国民を慮る心でもって治めていたからです。

そういうことで、天皇制においても、形式的な存在であることだけをもって天皇制と考えるのではなく、もう一度、「徳の存在」ということを併せて考えなければいけないのではないでしょうか。

そして、「『徳の存在』としての天皇制は、他のさまざまな宗教とも、また、共存共栄することができるものである」ということも言わなければいけないでしょう。

他宗排撃した日蓮でさえ持っていた「日本古来の神への信仰」

日本仏教の歴史においても、いろいろな仏教が次々と出てきましたが、そのなかで最も戦闘的で、最も排他的で、他宗から見れば、ある意味、最も独善的に見えるものは、日蓮宗でしょう。

「日蓮の教え以外には正しい教えはなく、『法華経』にしか正しい教えはない」という、非常に排他的、独善的であり、もし、政治的に現れたら、ナチズムのようにもなりかねないような思想と行動を、その背景には持っているようにも思われます。

ただ、この日蓮でさえ、彼の直筆で書かれた掛け軸の曼荼羅を見れば分かるように、天照大神を中心に据えています。

つまり、日蓮は、実は極めて日本神道的な宗教を、「日蓮宗」として法華経至上主義のなかに説いていたのです。これは、日本に現れた珍しい一神教的な宗教であるのですが、日本神道に対して非常に尊崇の念を持ち、根本的な日本神道に対する忠誠心、信仰心を持っていたことは明らかです。他宗排撃をしていた人が、「南無妙法蓮華経」と書いた経文の掛け軸のなかに、「天照大神」と、はっきりと書いているのです。

したがって、日本古来の神に対する信仰を持っていたことは明らかであり、「日本で最も排他的な宗教であっても、日本の神々の歴史を否定するには至らなかった」ということは知っておいてほしいと思います。

「仏教」と「日本の神々」の関係性を探究している幸福の科学

また、奈良・平安時代あたりから、「日本神道と仏教を、どのように融合するか」というテーマが出てきたわけですが、そこでも、「本地垂迹説」などというものが出てきています。これは、「インドに現れた仏陀や、あるいは、その他の仏教の守護神たちが日本に現れ、生まれている」というような考え方です。

そういう考え方も出てきていて、それは、霊的には正確ではないかもしれませんが、「霊界の本当の姿をつかんだ」という意味においては、そのとおりだと思います。

「インドで仏教を流行らせた人たち、高級霊たちは、日本においても神々の一柱として生まれ、宗教を説いている」ということも、幸福の科学は探究しています。

例えば、インドであれば、川の神であるサラスヴァティーという女神がいますが、これが日本に来れば、「弁財天」となっています。よく、水場に鳥居として一緒に祀られている弁財天が存在しますが、そのようなかたちでも現れているわけです。

12　今、「幸福の科学の幸福学」を学ぶべき時代

医学においても「宗教のメス」が必要になっている

以上のことから、「世界の歴史」や、「会社を伴うところの現代的な事業活動」まで含め、あるいは、「人生論」、「人間の心理学的・哲学的な解明」、または、「医学的な面も含めての倫理の問題」等も、すべて、宗教から無縁のものではないと、私は思っています。

医学においても、今、宗教のメスが入らねばならないところは数多

くあります。「どこまでが人間の領域で、どこからが神の領域か」について、非常に厳しい点検が働いているところです。

「人間は、人間をつくってよいのかどうか」というようなところも、倫理として答えがない領域ですし、人間を〝機械〟と思えば、どうでもよいことでしょうが、〝機械〟ではないとしたら、これは大変な問題になります。

また、今は、代理母の問題もあります。

最近、オーストラリアの夫婦がタイで代理母に産んでもらった子が、遺伝子的に見れば障害を持っていることが判定されていました。「先進国では、そういうことが事前に分かれば堕胎をするのに、堕胎しないで産んでしまった」ということで問題になり、トラブルが起きています。

こういう問題にも、やはり、宗教としては立ち向かっていかなければならないと思うので、現代の諸問題のケーススタディーをしなければならず、ある意味でのソクラテス的な問答を、現代的にも重ねていかねばならないでしょう。

「本物の智慧とは何か」を示すことが現代宗教への課題

したがって、「知恵がある」と思っている者、「知識がある」と思っている者に対して、「本物の智慧とは何であるか」ということを問い続けること。ある意味では、ジャーナリスティックにも探究し続けること。これが、現代的宗教に与えられた課題だと考えています。

幸福の科学は、ジャーナリズムにも、多大な影響を与えている宗教です。

そういう意味において、われらが説く「幸福学」とは、「人生万般、あるいは、会社を含め、組織、社会全般、そして、国家全般、さらには、国家間、世界レベルでの幸福とは何か、平和とは何なのか。そして、目指すべき未来とは何であるのか」という大きなテーマも含んだ「幸福学」であると言うことができると思います。

「今、これを学ばずして、今、これを研究せずして、いったい何を研究すべきであるか」ということを最後に申し述べて、私の講義としたいと思います。

あとがき

『幸福学概論』について一冊に語り降ろした本書は、ある意味で「現代の哲学」でもあり、著者である私が、ソクラテス、プラトン、アリストテレス的人格を包含しつつも、比較宗教学や、現代経営、政治、科学文明の発達にも広範な関心を有していることを雄弁に語っていると思う。

日本の大学教授で、『幸福学概論』について、一〇七分で一冊の本として語り降ろせる人がいるなら、是非公開の場で私と対談して頂きたい。

文献学のほとんどは考古学同様のガレキの山であり、哲学者や宗教学者を語る人間にどれだけの砂金の部分が残っているか疑問である。これは私が合理的人間ではないと言っているのではない。私自身は、極めて論理的かつ、弁証法的思考を有する学問的人格の持ち主である。できれば今、新しく日本発でできようとしている学問体系に水をささず、国家の繁栄のために協力して下さる方が多数出てくることを希望している。

二〇一四年　八月十日

幸福の科学グループ創始者兼総裁

幸福の科学大学創立者　大川隆法

幸福学概論

2014年8月12日　初版第1刷

著　者　大川隆法

発行所　幸福の科学出版株式会社

〒107-0052 東京都港区赤坂2丁目10番14号
TEL(03)5573-7700
http://www.irhpress.co.jp/

印刷・製本　株式会社 東京研文社

落丁・乱丁本はおとりかえいたします

ISBN978-4-86395-517-2 C0030

大川隆法 ベストセラーズ・「幸福の科学大学」が目指すもの

宗教学から観た「幸福の科学」学・入門

立宗 27 年目の未来型宗教を分析する

幸福の科学とは、どんな宗教なのか。教義や活動の特徴とは？ 他の宗教との違いとは？ 総裁自らが、宗教学の見地から「幸福の科学」を分析する。

1,500 円

仏教学から観た「幸福の科学」分析

東大名誉教授・中村元と仏教学者・渡辺照宏のパースペクティブ（視角）から

仏教は「無霊魂説」ではない！ 仏教学の権威 中村元氏の死後 14 年目の衝撃の真実と、渡辺照宏氏の天上界からのメッセージを収録。

1,500 円

幸福の科学の基本教義とは何か

真理と信仰をめぐる幸福論

進化し続ける幸福の科学――本当の幸福とは何か。永遠の真理とは？ 信仰とは何なのか？ 総裁自らが説き明かす未来型宗教を知るためのヒント。

1,500 円

比較宗教学から観た「幸福の科学」学・入門

性のタブーと結婚・出家制度

同性婚、代理出産、クローンなど、人類の新しい課題への答えとは？ 未来志向の「正しさ」を求めて、比較宗教学の視点から、仏陀の真意を検証する。

1,500 円

幸福の科学出版

大川隆法 ベストセラーズ・「幸福の科学大学」が目指すもの

「ユング心理学」を宗教分析する

「人間幸福学」から見た心理学の功罪

なぜユングは天上界に還ったのか。どうしてフロイトは地獄に堕ちたのか。分析心理学の創始者が語る現代心理学の問題点とは。

1,500円

究極の国家成長戦略としての「幸福の科学大学の挑戦」

大川隆法 vs. 木村智重・九鬼一・黒川白雲

「人間を幸福にする学問」を探究し、人類の未来に貢献する人材を輩出する――。新大学建学の志や、新学部設立の意義について、創立者と語り合う。

1,500円

政治哲学の原点

「自由の創設」を目指して

政治は何のためにあるのか。真の「自由」、真の「平等」とは何か――。全体主義を防ぎ、国家を繁栄に導く「新たな政治哲学」が、ここに示される。

1,500円

法哲学入門

法の根源にあるもの

ヘーゲルの偉大さ、カントの功罪、そしてマルクスの問題点――。ソクラテスからアーレントまでを検証し、法哲学のあるべき姿を探究する。

1,500円

※表示価格は本体価格(税別)です。

大川隆法 ベストセラーズ・幸福な人生を拓く

心を癒す ストレス・フリーの幸福論

人間関係、病気、お金、老後の不安……。ストレスを解消し、幸福な人生を生きるための「心のスキル」が語られた一書。

1,500円

幸福へのヒント

光り輝く家庭をつくるには

家庭の幸福にかかわる具体的なテーマについて、人生の指針を明快に示した、珠玉の質疑応答集。著者、自選、自薦、自信の一書。

1,500円

幸福の原点

人類幸福化への旅立ち

幸福の科学の基本的な思想が盛り込まれた、仏法真理の格好の手引書。正しき心の探究、与える愛など、幸福になる方法が語られる。

1,500円

大川隆法 ベストセラーズ・「大川隆法」の魅力を探る

大川総裁の読書力
知的自己実現メソッド

区立図書館レベルの蔵書、時速2000ページを超える読書スピード──。1300冊を超える著作を生み出した驚異の知的生活とは。

1,400円

大川隆法の守護霊霊言
ユートピア実現への挑戦

あの世の存在証明による霊性革命、正論と神仏の正義による政治革命。幸福の科学グループ創始者兼総裁の本心が、ついに明かされる。

1,400円

政治革命家・大川隆法
幸福実現党の父

未来が見える。嘘をつかない。タブーに挑戦する──。政治の問題を鋭く指摘し、具体的な打開策を唱える幸福実現党の魅力が分かる万人必読の書。

1,400円

素顔の大川隆法

素朴な疑問からドキッとするテーマまで、女性編集長3人の質問に気さくに答えた、101分公開ロングインタビュー。大注目の宗教家が、その本音を明かす。

1,300円

※表示価格は本体価格(税別)です。

大川隆法 ベストセラーズ・忍耐の時代を切り拓く

忍耐の法

「常識」を逆転させるために

人生のあらゆる苦難を乗り越え、夢や志を実現させる方法が、この一冊に──。混迷の現代を生きるすべての人に贈る待望の「法シリーズ」第20作!

2,000円

「正しき心の探究」の大切さ

靖国参拝批判、中・韓・米の歴史認識……。「真実の歴史観」と「神の正義」とは何かを示し、日本に立ちはだかる問題を解決する、2014年新春提言。

1,500円

自由の革命

日本の国家戦略と世界情勢のゆくえ

「集団的自衛権」は是か非か!? 混迷する国際社会と予断を許さないアジア情勢。今、日本がとるべき国家戦略を緊急提言!

1,500円

大川隆法霊言シリーズ・最新刊

日本民俗学の父
柳田國男が観た死後の世界

河童、座敷童子、天狗、鬼……。日本民俗学の創始者・柳田國男が語る「最新・妖怪事情」とは? この一冊が21世紀の『遠野物語』となる。

1,400円

「ノアの箱舟伝説」は本当か

大洪水の真相

人類の驕りは、再び神々の怒りを招くのか!? 大洪水伝説の真相を探るなかで明らかになった、天変地異や異常気象に隠された天意・神意とは。

1,400円

天理教開祖　中山みきの霊言

天理教の霊的ルーツに迫る

神道系の新宗教のなかで、なぜ天理教は発展したのか。日本の神々の壮大な計画や、開祖・中山みきの霊的使命と驚くべき転生が明かされる!

1,400円

※表示価格は本体価格(税別)です。

大川隆法 ベストセラーズ・**最新刊**

ザ・ヒーリングパワー

病気はこうして治る

ガン、心臓病、精神疾患、アトピー……。スピリチュアルな視点から「心と病気」のメカニズムを解明。この一冊があなたの病気に奇跡を起こす!

1,500円

エクソシスト概論

あなたを守る「悪魔祓い」の基本知識Q＆A

悪霊・悪魔は実在する! 憑依現象による不幸や災い、統合失調症や多重人格の霊的背景など、六大神通力を持つ宗教家が明かす「悪魔祓い」の真実。

1,500円

「集団的自衛権」はなぜ必要なのか

日本よ、早く「半主権国家」から脱却せよ! 激変する世界情勢のなか、国を守るために必要な考え方とは何か。この一冊で「集団的自衛権」がよく分かる。
【幸福実現党刊】

1,500円

ノーブレス　オブリージ
Noblesse Oblige
「高貴なる義務」を果たす、
「真のエリート」を目指せ。

幸福の科学学園
中学校・高等学校（那須本校）

Happy Science Academy Junior and Senior High School

私は、
教育が人間を創ると
信じている一人である。
若い人たちに、
夢とロマンと、精進、
勇気の大切さを伝えたい。
この国を、全世界を、
ユートピアに変えていく力を
出してもらいたいのだ。

（幸福の科学学園 創立記念碑より）

幸福の科学学園 創立者
大川隆法

幸福の科学学園（那須本校）は、幸福の科学の教育理念のもとにつくられた、男女共学、全寮制の中学校・高等学校です。自由闊達な校風のもと、「高度な知性」と「徳育」を融合させ、社会に貢献するリーダーの養成を目指しており、2014年4月には開校四周年を迎えました。

ノーブレス　オブリージ
Noblesse Oblige　「高貴なる義務」を果たす、「真のエリート」を目指せ。

2013年 春 開校

幸福の科学学園 関西中学校・高等学校

Happy Science Academy
Kansai Junior and Senior High School

私は日本に
真のエリート校を創り、
世界の模範としたい
という気概に満ちている。
『幸福の科学学園』は、
私の『希望』であり、
『宝』でもある。
世界を変えていく、
多才かつ多彩な人材が、
今後、数限りなく
輩出されていくことだろう。
（幸福の科学学園関西校　創立記念碑より）

幸福の科学学園　創立者
大川隆法

滋賀県大津市、美しい琵琶湖の西岸に建つ幸福の科学学園（関西校）は、男女共学、通学も入寮も可能な中学校・高等学校です。発展・繁栄を校風とし、宗教教育や企業家教育を通して、学力と企業家精神、徳力を備えた、未来の世界に責任を持つ「世界のリーダー」を輩出することを目指しています。

幸福の科学学園・教育の特色

「徳ある英才」の創造

教科「宗教」で真理を学び、行事や部活動、寮を含めた学校生活全体で実修して、ノーブレス・オブリージ(高貴なる義務)を果たす「徳ある英才」を育てていきます。

体育祭

天分を伸ばす「創造性教育」

教科「探究創造」で、偉人学習に力を入れると共に、日本文化や国際コミュニケーションなどの教養教育を施すことで、各自が自分の使命・理想像を発見できるよう導きます。さらに高大連携教育で、知識のみならず、知識の応用能力も磨き、企業家精神も養成します。芸術面にも力を入れます。

探究創造科発表会

一人ひとりの進度に合わせた「きめ細やかな進学指導」

熱意溢れる上質の授業をベースに、一人ひとりの強みと弱みを分析して対策を立てます。強みを伸ばす「特別講習」や、弱点を分かるところまでさかのぼって克服する「補講」や「個別指導」で、第一志望に合格する進学指導を実現します。

授業の様子

自立心と友情を育てる「寮制」

寮は、真なる自立を促し、信じ合える仲間をつくる場です。親元を離れ、団体生活を送ることで、縦・横の関係を学び、力強い自立心と友情、社会性を養います。

毎朝夕のお祈りの時間

幸福の科学学園の進学指導

1 英数先行型授業

受験に大切な英語と数学を特に重視。「わかる」（解法理解）まで教え、「できる」（解法応用）、「点がとれる」（スピード訓練）まで繰り返し演習しながら、高校三年間の内容を高校二年までにマスター。高校二年からの文理別科目も余裕で仕上げられる効率的学習設計です。

2 習熟度別授業

英語・数学は、中学一年から習熟度別クラス編成による授業を実施。生徒のレベルに応じてきめ細やかに指導します。各教科ごとに作成された学習計画と、合格までのロードマップに基づいて、大学受験に向けた学力強化を図ります。

3 基礎力強化の補講と個別指導

基礎レベルの強化が必要な生徒には、放課後や夕食後の時間に、英数中心の補講を実施。特に数学においては、授業の中で行われる確認テストで合格に満たない場合は、できるまで徹底した補講を行います。さらに、カフェテリアなどでの質疑対応の形で個別指導も行います。

4 特別講習

夏期・冬期の休業中には、中学一年から高校二年まで、特別講習を実施。中学生は国・数・英の三教科を中心に、高校一年からは五教科でそれぞれ実力別に分けた講座を開講し、実力養成を図ります。高校二年からは、春期講習会も実施し、大学受験に向けて、より強化します。

5 幸福の科学大学（仮称・設置認可申請中）への進学

二〇一五年四月開学予定の幸福の科学大学への進学を目指す生徒を対象に、推薦制度を設ける予定です。留学用英語や専門基礎の先取りなど、社会で役立つ学問の基礎を指導します。

授業の様子

詳しい内容、パンフレット、募集要項のお申し込みは下記まで。

幸福の科学学園 関西中学校・高等学校

〒520-0248
滋賀県大津市仰木の里東2-16-1
TEL.077-573-7774
FAX.077-573-7775
[公式サイト]
www.kansai.happy-science.ac.jp
[お問い合わせ]
info-kansai@happy-science.ac.jp

幸福の科学学園 中学校・高等学校

〒329-3434
栃木県那須郡那須町梁瀬 487-1
TEL.0287-75-7777
FAX.0287-75-7779
[公式サイト]
www.happy-science.ac.jp
[お問い合わせ]
info-js@happy-science.ac.jp

仏法真理塾

サクセスNo.1

未来の菩薩を育て、仏国土ユートピアを目指す！

サクセスNo.1 東京本校（戸越精舎内）

仏法真理塾「サクセスNo.1」とは

宗教法人幸福の科学による信仰教育の機関です。信仰教育・徳育にウエイトを置きつつ、将来、社会人として活躍するための学力養成にも力を注いでいます。

「サクセス№１」のねらいには、「仏法真理と子どもの教育面での成長とを一体化させる」ということが根本にあるのです。

大川隆法総裁　御法話「『サクセス№１』の精神」より

仏法真理塾「サクセスNo.1」の教育について

信仰教育が育む健全な心

御法話拝聴や祈願、経典の学習会などを通して、仏の子としての「正しい心」を学びます。

学業修行で学力を伸ばす

忍耐力や集中力、克己心を磨き、努力によって道を拓く喜びを体得します。

法友との交流で友情を築く

塾生同士の交流も活発です。お互いに信仰の価値観を共有するなかで、深い友情が育まれます。

●サクセスNo.1は全国に、本校・拠点・支部校を展開しています。

東京本校	TEL.03-5750-0747	FAX.03-5750-0737
名古屋本校	TEL.052-930-6389	FAX.052-930-6390
大阪本校	TEL.06-6271-7787	FAX.06-6271-7831
京滋本校	TEL.075-694-1777	FAX.075-661-8864
神戸本校	TEL.078-381-6227	FAX.078-381-6228
西東京本校	TEL.042-643-0722	FAX.042-643-0723
札幌本校	TEL.011-768-7734	FAX.011-768-7738
福岡本校	TEL.092-732-7200	FAX.092-732-7110
宇都宮本校	TEL.028-611-4780	FAX.028-611-4781
高松本校	TEL.087-811-2775	FAX.087-821-9177
沖縄本校	TEL.098-917-0472	FAX.098-917-0473
広島拠点	TEL.090-4913-7771	FAX.082-533-7733
岡山本校	TEL.086-207-2070	FAX.086-207-2033
北陸拠点	TEL.080-3460-3754	FAX.076-464-1341
大宮拠点	TEL.048-778-9047	FAX.048-778-9047

全国支部校のお問い合わせは、
サクセスNo.1 東京本校（TEL. 03-5750-0747）まで。

メール info@success.irh.jp

エンゼルプランV

信仰教育をベースに、知育や創造活動も行っています。

信仰に基づいて、幼児の心を豊かに育む情操教育を行っています。また、知育や創造活動を通して、ひとりひとりの子どもの個性を大切に伸ばします。お母さんたちの心の交流の場ともなっています。

TEL 03-5750-0757　FAX 03-5750-0767
メール angel-plan-v@kofuku-no-kagaku.or.jp

ネバー・マインド

不登校の子どもたちを支援するスクール。

「ネバー・マインド」とは、幸福の科学グループの不登校児支援スクールです。「信仰教育」と「学業支援」「体力増強」を柱に、合宿をはじめとするさまざまなプログラムで、再登校へのチャレンジと、進路先の受験対策指導、生活リズムの改善、心の通う仲間づくりを応援します。

TEL 03-5750-1741　FAX 03-5750-0734
メール nevermind@happy-science.org

ユー・アー・エンゼル！(あなたは天使！)運動

障害児の不安や悩みに取り組み、ご両親を励まし、勇気づける、障害児支援のボランティア運動です。学生や経験豊富なボランティアを中心に、全国各地で、障害児向けの信仰教育を行っています。保護者向けには、交流会や、医療者・特別支援教育者による勉強会、メール相談を行っています。

TEL 03-5750-1741　FAX 03-5750-0734
メール you-are-angel@happy-science.org

シニア・プラン21

生涯反省で人生を再生・新生し、希望に満ちた生涯現役人生を生きる仏法真理道場です。週1回、開催される研修には、年齢を問わず、多くの方が参加しています。現在、全国8カ所（東京、名古屋、大阪、福岡、新潟、仙台、札幌、千葉）で開校中です。

東京校 TEL 03-6384-0778　FAX 03-6384-0779
メール senior-plan@kofuku-no-kagaku.or.jp